DIE PRAGER BURG

BONECHI & NEPALA

Distribuited by:

Nepala, spol. s.r.o., Horňátecká 1772/19 - 182 00 PRAHA 8
tel.: +420 28468 6704 fax: +420 28468 6606
mobil: +420 775 368449 / +420 602 368449
e-mail: nepala@bonechi.cz - internet: www.bonechi.cz

Entwurf und Idee: *Casa Editrice Bonechi*
Verantwortlich für die Ausgabe: *Monica Bonechi*
Grafischer Entwurf: *Monica Bonechi*
Grafische Ausführung, Bildumbruch und Umschlag: *Elena Nannucci*
Texte: *Patrizia Fabbri*
Übersetzung: *Vera Beckamp – Traduco s.a.s. di Christine Bulckaen, Florenz*
Zeichnung S. 4-5: *Stefano Benini* Zeichnungen S. 46 und Umschlag: *Sauro Giampaia*

Druck in Italien: *Centro Stampa Editoriale Bonechi - Sesto Fiorentino*

Die Fotos dieser Veröffentlichung sind Eigentum des Verlagsarchivs der *Casa Editrice Bonechi* und wurden ausgeführt von
Marco Bonechi und *Andrea Pistolesi*.

Außerdem haben mitgearbeitet:
© *Fotothek der Prager Burg*: Fotos S. 22, 23, 45, 48, 49.

Die Fotos auf S. 62 wurden freundlicherweise von der *Prager Nationalgalerie* zur Verfügung gestellt.

Der Herausgeber dankt *Dr. František Kadlec*, Direktor des Fremdenverkehrsamtes, für die wichtige Zusammenarbeit
bei der Revision der Texte.

Der Herausgeber entschuldigt sich für eventuelle Unvollständigkeiten und steht selbstverständlich jederzeit zur Verfügung,
um alle vorgesehenen Formalitäten für diejenigen Fotos zu erledigen, deren Autor nachträglich ermittelt wird.

ISBN-10 88-476-2082-1
ISBN-13 978-88-476-2082-7

Internet: www.bonechi.com

EINLEITUNG

Man könnte die Prager Burg heute, ohne ihre ursprüngliche Verteidigungsfunktion, mit einer kleinen Stadt verwechseln, die dank der eleganten Angleichung ihrer verschiedenen Gebäude im Laufe der vergangenen Jahrhunderte sehr einheitlich aussieht. Auf dem Burgberg stand bereits seit den 80er Jahren des 9. Jh., als Fürst Bořivoj das erste Fürstenschloss gründete, der Wohnsitz der Böhmischen Fürsten. Der Sage nach liegt der Gründung die prophetische Vision der Fürstin Libussa zugrunde, die einst das Entstehen einer reichen und mächtigen Stadt auf dem grünen Abhang am Moldauufer weissagte. Auch soll sich hier einst ein alter Ort des slawischen Kultes befunden haben. Mit Sicherheit wurde hier Ende des 9. Jh. die St.-Marien-Kirche errichtet. Um das Jahr 920 erbaute Fürst Vratislav I. die St.-Georgs-Basilika, die 925 geweiht wurde, kurz bevor der später ermordete und noch später heilig gesprochene Fürst Wenzel mit der Errichtung der St.-Veits-Rotunde begann. Im 10. Jh. entsprach die Ausdehnung der Burg mehr oder weniger der heutigen und wahrscheinlich existierte bereits eine erste Befestigung aus Holz. Eine lange Zeit der Entwicklung durchlebte die viele Male

belagerte und zerstörte und ebenso oft befestigte und wiedererbaute Burg ab dem 12. Jh. mit dem Antritt der Přemyslidenherrscher. Unter Ottokar I. (Přemysl Otakar I), Wenzel II. und Ottokar II. (Přemysl Otakar II) entstanden trotz langer Kriege und drohender Invasionen viele neue Gebäude, darunter der Königspalast. Soběslav I. begann in der ersten Hälfte des 12. Jh. mit der Errichtung des romanischen Teils des Prachtbaus, Ottokar II. erweiterte und modernisierte ihn 1252. Im Jahr 1280 zerstörte ein Sturm das Palais mitsamt der Burg. Wenzel II. beschränkte sich, ebenso wie sein Sohn Wenzel III., auf langsame Restaurierungsarbeiten. Nach der unglücklichen Regierungszeit des Johann von Luxemburg, der die Burg vernachlässigte, schenkte dessen Sohn der Burg Mitte des 14. Jh. einen bisher nicht gekannten Glanz: Karl IV., aufgewachsen am französischen Hofe, errichtete den Königspalast und einen neuen, der wieder aufgeblühten Stadt würdigen Dom. Sohn Wenzel IV. setzte das Werk

seines Vaters fort, erweiterte es sogar. Auf ihn folgte eine lange Reihe von Herrschern, die sich lieber ihren Kriegen als der Verschönerung der Reichshauptstadt widmeten. Erst Wladislav II. Jagiello interessierte sich, wir befinden uns bereits an der Schwelle des 16. Jh., wieder für die Burg. Ihm verdankt sie ihre neuen Verteidigungsanlagen sowie zahlreiche neue Gebäude. Mit Ferdinand I. (1526-1564) zog das Haus Habsburg in das Kastell ein und man verspürte das Bedürfnis, der Burg eine neue, der Wichtigkeit des Hofes angemessene Dimension zu verleihen, zu der Gartenanlagen, größere Gebäude und Prunk gehörten. Zu einem radikalen Umbau trug auch der Prager Stadtbrand von 1541 bei, der die von Maximilian II. und anschließend von Rudolf II. (der Kunstliebhaber und Freund der Wissenschaft bereicherte die Burg mit zahlreichen Sammlungen und der Präsenz illustrer Wissenschaftler, darunter Kepler und Tycho de Brahe) gewünschten Verschönerungen und Vergrößerungen ermöglichte. Mit Ferdinand II. und dem Beginn des 17. Jh. hielt der Barock auch in der Burg und ihren Gartenanlagen seinen ungestümen Einzug. Dieser Prozess setzte sich unter Ferdinand III., Leopold I. (der 1673 den Grundstein für die barocke Fertigstellung des Doms legte) und Karl VI. fort. Mitte des 18. Jh. beauftragte Kaiserin Maria Theresia von Österreich den Hofarchitekten Nikolaus Pacassi damit, der Burg ihre endgültige Ausdehnung und ihr definitives Aussehen zu verleihen. Es folgte eine Zeit der Vergessenheit für die Burg, die nur gelegentlich von prunkvollen Krönungszeremonien unterbrochen wurde. Nach Plünderungen und häufigem militärischen Gebrauch ihrer Gebäude erwachte sie wieder zu neuem Leben, als Ferdinand V. sie zu seiner Residenz wählte. Im 20. Jh. schließlich erlangte sie mit der Geburt der Republik eine neue wichtige Rolle: Die Burg wurde zum Sitz des Staatspräsidenten. Die für die neue Funktion notwendige Umgestaltung führte Architekt Josip Plečnik durch. In jüngeren Zeiten hat man auf Betreiben von Vaclav Havel etlichen der lange Zeit vernachlässigten und gesperrten Burgbereiche ihren ursprünglichen Glanz zurückgegeben und sie der Öffentlichkeit zugänglich gemacht.

Heilig-Kreuz-Kapelle

Der Hl. Georg und der Drache

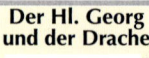

*Der alte Durchgang, der die **Kathedrale** mit dem **Königspalast** verbindet*

*Im **Sankt-Veits-Dom** können wir das imposante **Habsburger-Mausoleum** mit den liegenden Figuren von Ferdinand I., seiner Gemahlin Anna Jagiello und ihrem Sohn Kaiser Maximilian II. bewundern.*

KÖNIGSGARTEN

Nordtor

GARTEN DER REITSCHULE

BASTEIGARTEN

DER NORDFLÜGEL

DER WESTFLÜGEL

Zweiter Burghof

Dritter Burghof

Obelisk

Matthias-Tor

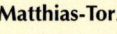

Erster Burghof

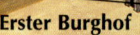

DER SÜDFLÜGEL

SÜDGÄRTEN

Hradčanské náměstí (Hradschinplatz) *Der große Platz vor der Burg*

Das „Tor der Giganten"

PARADIESGARTEN

Archäologische Ausgrabungen *haben die* **vorromanische St.-Veits-Rotunde** *freigelegt.*

St.-Georgs-Basilika

Goldenes Gässchen

Sommerschlösschen der Königin Anna

Der Schwarze Turm

St.-Georgs-Kloster

KÖNIGSGARTEN

Osttor

Palais Lobkowicz

Die Prager Nationalgalerie

Georgsplatz

SÜDGÄRTEN

SÜDGÄRTEN

WALLGARTEN

*Die lange romantische Treppe, die vom **Osttor der Burg** in die Stadt hinunterführt: die in vielen Volksliedern besungene Alte Schlossstiege.*

Ludwigs-Trakt

Der Alte Königspalast

DIE PALASTGÄRTEN

Südlich der Burg erstrecken sich am Fuße des einst imposanten Systems aus Verteidigungswällen, wo sich im 16. Jh. Parkanlagen und Weinberge befanden, die eleganten „Palastgärten", die seit kurzem wieder in ihrem alten Glanz erstrahlen.

HARTIG-GARTEN

Willkommen in der Burg:

Die Eingänge

Vom Hradčanské náměstí

Durch das Osttor

Durch das Nordtor

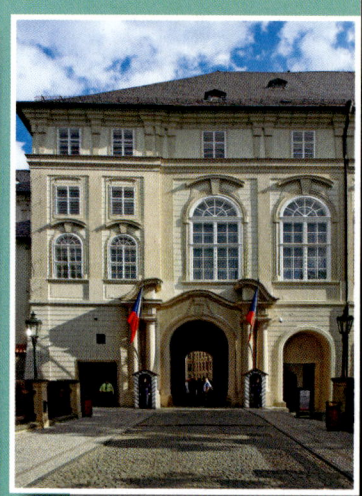

Der historische Haupteingang der Burg liegt auf der Westseite. Man erreicht ihn über den weitläufigen *Hradčanské náměstí*, den „Platz des Stadtviertels Hradschin". Vom Hradschinplatz genießt man einen herrlichen Panoramablick auf die ganze Stadt am Fuße des monumentalen Komplexes.

Dieser alte Eingang, der in jüngere Gebäude eingearbeitet wurde, öffnet sich am Fuße des schlichten Schwarzen Turms. Man erreicht ihn über eine Panoramafreitreppe.

Das Renaissanceportal erlangte im Laufe der Jahrhunderte keine besondere Beachtung, da es kein offizieller Eingang war. Heute gehen hier regelmäßig Touristen hindurch, die die nahen Parkplätze nutzen.

Durch das Osttor

Durch das Nordtor

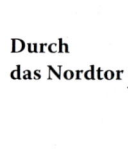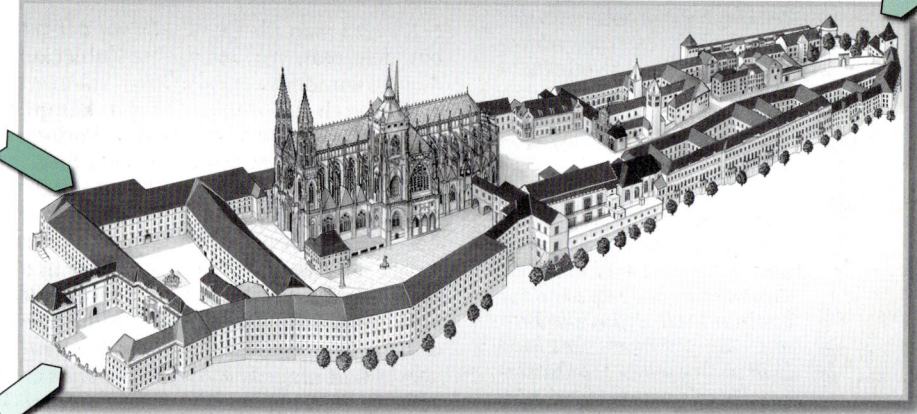

Hradčanské náměstí

Unter dem strengen Blick der Statue Masaryks und begleitet von der romantischen Musik talentierter Straßenmusikanten erreichen die Besucher die Burg. Im Vorbeigehen können sie die beeindruckenden Freitreppen und Gebäude, die den Hradschinplatz schmücken, bewundern.

Oben ein Bild des Erzbischöflichen Palais, das auf den Platz blickt.

Hradčanské náměstí (Hradschinplatz)

EIN SYMBOL FÜR DIE BURG

Etliche Male wanderte die Geschichte durch die Straßen der Prager Burg. Dabei hinterließ sie zahlreiche greifbare Zeichen, darunter die elegante, am Eingang befindliche Statue von Tomáš Garrigue Masaryk (1850-1937), Symbolfigur der jüngsten tschechischen Landesgeschichte. Er war der erste Präsident der im Jahr 1918 entstandenen tschechoslowakischen Republik und hatte als erster sein Büro in der Burg. Masaryk rief auch jenen kreativen Architekten Plečnik aus Slowenien nach Prag, der dazu bestimmt sein sollte, die Burg mit meisterhafter Geschicklichkeit in ein der repräsentativen Funktion der Regierung würdiges Palais umzugestalten.

Nachdem man die Esplanade vor der Burg erreicht hat, geht man vor Beginn der Entdeckungsreise in diesem wunderbar gegliederten städtischen Monument durch das imposante, von **kämpfenden Giganten** bewachte **Eingangstor**. Vorher sollte man jedoch unbedingt etwas auf dem Platz verweilen, um die eindrucksvollen, architektonisch wertvollen Gebäude zu bewundern, die ihn säumen, darunter das elegante **Erzbischöfliche Palais**. Ursprünglich ein Renaissance-Gebäude, wurde es in der zweiten Hälfte des 16. Jh. umgestaltet, um das Jahr 1600 herum erweitert und schließlich in der zweiten Hälfte des 17. Jh. nach den Diktaten des neuen Barockstils erneut umgearbeitet. Die _Fassade_ erhielt in der zweiten Hälfte des 18. Jh. von J. J. Wirch ihr Rokokoantlitz. Das wunderschöne Hauptportal schmückt ein Werk aus dem späten 17. Jh. von J. B. Mathey.

DAS „TOR DER GIGANTEN"

Das eindeutig habsburgisch geprägte Tor wurde nach der *Gigantomachie* benannt, die auf den seitlichen Sockeln des Eingangstors thront. Bildhauer Ignaz Platzer der Ältere fertigte sie zwischen 1770 und 1771 an. Das Gitter schmücken weitere Plastiken, darunter Putten, ein Adler (Symbol der habsburgischen Monarchie) und ein Löwe (Emblem des böhmischen Reiches) in einer Galerie zeitgleicher Werke, die ebenfalls von Ignaz Platzer stammen. Wir können jedoch heute nur ihre Kopien bewundern, denn die Originale, die aus besonders witterungsempfindlichem Sandstein bestehen, wurden Anfang des 20. Jh. entfernt und ersetzt.

Erster Burghof

Durch das „Tor der Giganten" erreicht man den Ehrenhof, auch einfach Erster Burghof genannt und ebenfalls ein Werk aus der Habsburger Zeit (1763-1771). Einst öffnete sich hier ein tiefer Burggraben, der den kleinen Ort Hradčany (Hradschin) von den alten Burggebäuden trennte und nur von Brücken überquert wurde. Auf Betreiben von Maria Theresia von Österreich plante Hofarchitekt Nikolaus Pacassi unter Mithilfe des Baumeisters A. Lurago den großen Platz und schüttete dafür den vorher bestehenden Burggraben zu. Um den Platz in einen eleganten Kontext einzufügen, errichtete er außerdem drei elegante Gebäude im Wiener Stil, welche eine Art großes U formen. Damit wurde das Konzept einer Verteidigungsfestung offensichtlich überwunden und mit dem Entstehen jenes neuen Palastes, der sich später in die Gebäude hinein ausdehnen sollte, die den Zweiten Hof einrahmen, gestand man der Burg die Interpretation als großzügige kaiserliche Residenz zu. **Nordflügel** und **Südflügel** beherbergen noch heute Säle, Apartments und Räumlichkeiten für Staatsbesuche. Der **Westflügel** dagegen ist für repräsentative Aufgaben und Funktionen bestimmt.

Unten, die majestätischen Steinkolosse, die gemeinsam mit den Wachen des eigens dafür bestimmten Trupps (links) das „Tor der Giganten" bewachen.

Oben, das „Tor der Giganten" liegt vor dem Matthias-Tor aus Sandstein, das ursprünglich wie ein Triumphbogen alleine dastand.

MATTHIAS-TOR

An zwei 25 m hoch ragenden Fahnenstangen (angefertigt aus einem einzigen Tannenbaumstamm aus Mähren) vorbei gelangt man durch das von den Gebäuden des Westflügels eingerahmte Matthias-Tor (17. Jh.) in den Zweiten Burghof. Das Tor wurde 1614 (viel früher also als die Gebäude, denen es einverleibt wurde) einem einsamen Triumphbogen gleich in frühbarockem Stil, der deutliche Rudolfinische Einflüsse aufweist, auf Betreiben von Matthias II. errichtet. Es ist wahrscheinlich ein Werk des Hofarchitekten Giovanni Mario Filippi, wurde jedoch zunächst dem Scamozzi zugeschrieben. Seine preisende Absicht wird auch in seinem Schmuck deutlich: oben die Titel und das Wappenemblem des Kaisers Matthias, weiter unten, unter dem Gesims, die zahlreichen Wappen der ihm untertanen Länder. Von hier aus, genauer gesagt über die beiden Prunktreppen, die beim Torinneren losgehen, gelangt man zu den Räumen des herrlichen Westflügels.

DIE WACHABLÖSUNG

Seit Jahrhunderten wacht ein kleiner Trupp Wachtposten über die Sicherheit der Burg. Heute prunken sie mit modernen und eleganten Uniformen, die Theodor Pištěk 1989 extra für sie entworfen hat. Doch in der Vergangenheit mussten sie auch schwierige Zeiten durchstehen, z.B. im 18. Jh., als ihr Lohn nur in Unterkunft und Brennholz bestand und sie auf nur 24 Einheiten mit gerade mal drei Kugeln pro Kopf reduziert wurden. Doch ihre Institution bestand tapfer fort und so lösen sich die Wachen noch heute jeden Tag zu jeder vollen Stunde ab, von 5 Uhr morgens bis 23 Uhr. Die spektakuläre Zeremonie der Großen Wachablösung findet jedoch nur um 12 Uhr statt, stets begleitet vom Klang der Fanfaren und besiegelt vom Austausch der Fahnen und natürlich unter den bewundernden Blicken des Publikums.

Der Westflügel

Den Westflügel, dem auch heute noch rein repräsentative Aufgaben zugedacht sind, erreicht man vom Matthias-Tor aus über zwei *Prunktreppen*. Die monumentale rechte Treppe erschuf Nikolaus Pacassi in der Zeit Maria Theresias an Stelle eines weniger auffälligen Aufgangs, den Rudolf II. einst als Zugang zu seinen Privatgemächern bauen ließ. In diesem Bereich existierten bereits vorher einzelne Gebäude. Sie wurden dem neuen habsburgischen Bau einverleibt, der berühmt ist als der Neue Palast. Der zwischen dem Ersten und dem Zweiten Burghof liegende Flügel besticht mit einer langen Reihe wunderbar heller und eleganter Säle, doch seine Prachtstücke liegen im südlichen Teil: der eindrucksvolle **Thronsaal**, in dem der Präsident der Republik gewöhnlich die Staatsgäste empfängt, und der große **Habsburger Saal**, dessen unversehrt erhaltener Glanz aus dem 18. Jh. gekrönt wird von einer Porträtgalerie der Angehörigen von Kaiserin Maria Theresia. Richtung Norden durch den West-

Auf der linken Seite der Säulensaal, Aushängeschild des Westflügels. Oben ein Blickwinkel der prachtvollen Galerie zwischen dem Ersten und dem Zweiten Burghof.

flügel wandernd trifft man auf den würdevollen und hellen **Säulensaal**, der zwischen 1927 und 1931 von Josip Plečnik realisiert wurde und 1975 eine weitere Treppe erhielt. Von hier aus erreicht man einen der repräsentativsten Teile des sogenannten Präsidentenbereichs der Burg.

Der Basteigarten

Im Außenbereich des Westflügels, jenseits eines kleinen Hofs hinter dem Nordflügel des Ehrenhofs, legte Josip Plečnik im Jahr 1930 einen lieblichen Garten mit eleganter Rundtreppe am Eingang an. Hübsche Beete, kleine Bäume und schmale Wege formen raffinierte geometrische Muster. Rundherum geht ein langer Balkon auf den Hirschgraben. Seinen Namen verdankt der Garten den Resten einer Bastei aus der Přemyslidenepoche, die einst als Plattform für eine Verteidigungskanone diente.

Zweiter Burghof

Der Zweite Burghof ist älter als der Erste (er nahm bereits im 15. Jh. Form an), entstand aber wie dieser an der Stelle eines vorher bestehenden Grabens (dieser hier diente einst dem Schutz der romanischen Ringmauer). Ursprünglich wurde der Hof von Gebäuden eingerahmt, die sich in Bezug auf Stil, Epoche und Funktion unterschieden und häufig nicht einmal nebeneinander lagen. Erst der Eingriff von Pacassi im 18. Jh. schenkte ihm das Aussehen eines einheitlichen Komplexes. In der Mitte des in den 1960er Jahren neu gepflasterten Hofes thront ein eleganter **barocker Brunnen** mit mythologischen Figuren, entworfen 1686 von Francesco Torre und verziert von dem Prager Bildhauer Hieronymus Kohl. Nahe bei ihm steht der **alte Brunnen**, der lange Zeit eine wichtige Quelle der Wasserversorgung war und seit dem 18. Jh. mit einem ungewöhnlichen schmiedeeisernen Gitter prunkt, das ein wenig an eine Voliere erinnert. Nicht weit von hier stand einst dicht bei dem Westflügel das älteste Gotteshaus der Burg, die berühmte St.-Marien-Kirche, die auf das 9. Jh. zurückgeht.

Das Nordtor

Im Schatten der Domtürme mündet die über den Hirschgraben führende Pulverbrücke in das Nordtor, neben dem sich die ehemals für die spanischen Pferde bestimmten Gebäude der Rudolfinischen Marställe befinden. Die Gartenanlagen, zu denen man durch das Nordtor gelangt, gehen auf die Renaissance zurück, doch die auf sie blickende Fassade entwarf Nikolaus Pacassi.

Auf der linken Seite der Zweite Burghof mit beiden Brunnen; unten das moderne Vordach über dem Eingang zu den Büros der Kanzlei des Präsidenten der Republik.

Der Nordflügel

Der nördliche Flügel der den Zweiten Burghof umlaufenden Gebäude wird von dem sogenannten Nordtor durchquert, das zur Pulverbrücke, zum Hirschgraben und aus dem Komplex heraus führt und heute weit mehr Besucher als in der Vergangenheit zählt. Im Nordflügel waren einst die **Renaissance-Marställe** untergebracht, die Rudolf II. Ende des 16. Jh. für seine herrlichen spanischen Rösser bauen ließ. In seinen oberen Stockwerken hütet der Nordflügel zwei Schmuckstücke des Kastells: den Spanischen Saal und die **Galerie von Rudolf II.** Als leidenschaftlicher und vielseitiger Kunstsammler, insbeson-

dere von Gemälden, hatte Kaiser Rudolf II. eine der umfangreichsten Sammlungen Europas angelegt und G. Gargiolli mit der Erschaffung eines ihr angemessenen Schreins beauftragt, genau in Übereinstimmung mit den Marställen: die großartige Rudolf-Galerie, welche im 19. Jh. von wertvollen Basreliefs veredelt wurde. Im Laufe der Jahrhunderte sollte die bedeutende kaiserliche Sammlung jedoch in alle Winde zerstreut werden: Viele Kunstwerke wurden in mehreren Sendungen nach Wien gebracht, andere wurden verkauft, wieder andere wurden Opfer von Plünderungen anlässlich nicht seltener bewaffneter Auseinandersetzungen (insbesondere während der

Kriege gegen die Schweden). Die heutige, 1965 in den ehemaligen Marställen eingeweihte Burggalerie birgt jedoch einen Teil des ursprünglichen Kerns der Rudolfinischen und Kaiserlichen Sammlung, darunter Gemälde von Paolo Veronese, Rubens, Tiziano und Tintoretto. Daneben werden jüngere Werke von Prager Künstlern aus dem 18., 19. und 20. Jh. ausgestellt. Ebenso interessant präsentiert sich der große, zwei Stockwerke des Nordflügels einnehmende **Spanische Saal**. Er wurde im 17. Jh. (1602-1606) nach Plänen des G. M. Filippi erbaut, doch in mehreren Anläufen im 18. und 19. Jh. umgestaltet, so dass sein heutiges Aussehen deutliche barocke Züge zeigt. Es existieren nicht einmal mehr die Pfeiler, die in der ursprünglichen Raumgestaltung die Decke des Saales stützten. I. Dientzenhofer und A. Lurago ersetzten sie bei einem Umbau im 18. Jh. mit einem gewagten System aus Gewölbeträgern und –stützen. Die letzten baulichen Eingriffe wurden im späten 19. Jh. in Voraussicht eines historischen Ereignisses durchgeführt, das jedoch nicht stattfinden sollte: die Krönung von Franz Josef zum Herrscher Böhmens. Der ursprünglich ebenfalls für die Unterbringung der kaiserlichen Sammlung gebaute Spanische Saal spielte letztendlich eine rein repräsentative Rolle und wurde zum Schauplatz großartiger Feste des Hofes und denkwürdiger Bälle.

Eindrucksvolle Aufnahmen zeigen den Glanz des Spanischen Saals, unbestritten einer der bedeutendsten der Burg, und unten die nahe Rudolf-Galerie.

Der Südflügel

Ein zentraler Flügel, der die Reste des alten, auf Be-treiben Rudolfs II. einst mit einer astronomischen Beobachtungsstation ausgestatteten **Bischofsturms** einschließt und ehemals ebenfalls ein paar der Ru-dolfinischen Sammlungen aufnahm, führt Richtung Süden zu dem ebenso alten **Weißen Turm**, mit ei-ner Höhe von circa 30 m ein weiteres imposantes Vermächtnis der mächtigen romanischen Befesti-gungsanlagen, die genau hier standen (und teilwei-se noch in den heutigen Gebäuden erkennbar sind). Bereits im 12. Jh. ragte er düster empor, damals ein gefürchtetes Gefängnis, in dem im Laufe der Jahr-hunderte zahlreiche illustre Gefangene, u.a. König Wenzel IV., „zu Gast" waren. In der zweiten Hälfte des 18. Jh. stutzte Pacassi den Turm, indem er das letzte Stockwerk entfernte. Anlass war der Umbau des gesamten, bis zum damaligen Zeitpunkt sehr bruchstückhaften und inhomogenen Südflügels. So entstand, in perfektem architektonischen Einklang mit den bereits bestehenden, der vierte Flügel, der den Zweiten Burghof definitiv einschloss. Seine Ge-bäude haben repräsentative Funktionen inne. Zwi-schen dem Südflügel und dem zentralen Flügel trifft man übrigens auf die Wohnung und das Büro des Präsidenten.

HEILIG-KREUZ-KAPELLE

In der Südostecke des Zweiten Burghofes steht die schlichte, doch elegante Heilig-Kreuz-Kapelle, die A. Lurago zwischen 1758 und 1763 nach einem Projekt von Nikolaus Pacassi erbaute. Aus jener Zeit sind je-doch nur der Hochaltar, der Ignaz Platzer zugeschrie-ben wird, und eine von S. Balko gemalte *Kreuzigung* erhalten. Die restliche Ausstattung geht auf die Um-bauarbeiten im 19. Jh. zurück, als das Gotteshaus für seine Rolle als Privatkapelle des Kaisers umgestaltet werden musste.

Der Innenraum der Heilig-Kreuz-Kapelle präsentiert sich in opulentem Glanz.

Dritter Burghof

Ein Durchgang, der sich im zentralen Flügel öffnet und in dem Reste der mächtigen romanischen Befestigungen auszumachen sind, führt zum Herzstück der Burg, dem weitläufigen Dritten Burghof. Ursprünglich auf zwei Ebenen angelegt, wurde er im 20. Jh. von einem eindrucksvollen Pflaster aus Granit vereinheitlicht. Hier leben im Schatten des herrlichen Doms moderne und antike Elemente harmonisch zusammen. So steht - ungerührt von den archäologischen Ausgrabungen, die lange Zeit die historische und architektonische Vergangenheit dieser Stätten, die Zeugen der Ursprünge der Burg waren, erforscht haben - die an der Stelle des romanischen Bischofspalastes, von dem ein Originalfenster erhalten ist, entstandene **Alte Propstei** gelassen neben dem viel moderneren, fast nüchternen Granit-**Obelisken**.

DER HL. GEORG
UND DER DRACHE

Wenige Heilige haben soviel populäre Verehrung erfahren wie der Hl. Georg, Schutzpatron der Soldaten und der Ritter. Oft wird er in seinem epischen Kampf gegen den Drachen dargestellt, als furchtloser Paladin des Guten, der in der Lage ist, das Böse zu bekämpfen und zu bezwingen. Zahlreiche ihm geweihte Gotteshäuser bezeugen die große Verbreitung seines Kultes. Dem wollte die Prager Burg nicht nachstehen und weihte ihm eine Kirche mit angeschlossenem Konvent sowie eine Statuengruppe, die neben dem imposanten Dom hervorsticht. Auf dem Dritten Burghof können wir jedoch heute nur die Kopie des bronzenen Reiterstandbilds aus dem 14. Jh., das den Heiligen als Drachenbezwinger darstellt, bewundern, denn das Original wird im Alten Königspalast aufbewahrt.

Links die Alte Propstei, an deren Seite man die Stelle der archäologischen Ausgrabungen ausmacht, die die Existenz einer Nekropolis vermuten ließen.

EIN MODERNER OBELISK

Schlank ragt der beeindruckende Obelisk, der auf Wunsch des Plečnik aus Granit aus dem Ort Mrákotín angefertigt wurde, auf dem Dritten Burghof fast 18 m in die Höhe. Er wurde zu Ehren der Opfer des Ersten Weltkriegs errichtet und um einen wichtigen Jahrestag zu feiern: das zehnte Anniversarium der Entstehung der ersten Tschechoslowakischen Republik.

Sankt-Veits-Dom

Die Geschichte des Prager Doms, der größten und wichtigsten Kirche des Landes, ist lang und komplex. An der Stelle, an der die imposante Kathedrale heute steht, hatte der Hl. Wenzel im Jahre 925 die St.-Veits-Rotunde errichtet, ein kleines vorromanisches Bauwerk, in dem er später beigesetzt werden sollte und neben dem bald darauf die Residenz der Bischöfe entstand. 1060 ersetzte man sie mit einer neuen dreischiffigen Basilika mit zwei Chören. Im Jahr 1344 beauftragte Karl IV. den französischen Baumeister Mathieu d'Arras mit dem Bau eines neuen gotischen Doms für die expandierende, kurz zuvor zum Bischofssitz erhobene Stadt, der der Aufbewahrung der Gebeine des Hl. Wenzel, des großen Herrschers und Landespatrons, würdig sein sollte. Der Grundstein wurde am 21. November gelegt; Modell standen französische Kathedralen. Nach dem Tod von Mathieu d'Arras setzte der schwäbische Architekt und Bildhauer Peter Parler, einer der Väter der europäischen Gotik, die Arbeit fort, immer noch unter der Ägide und direkten Kontrolle von Karl IV.; nach Parlers Tod im Jahr 1399 leiteten dessen Söhne Johann und Wenzel den Bau, bis die Hussitenkriege in den 20er Jahren des 15. Jh. eine Unterbrechung auferlegten. Zu jener Zeit stand bereits ein guter Teil des Glockenturms (der Umgang und eine erste Kuppel im Renaissancestil kamen erst in der zweiten Hälfte des 16. Jh. hinzu) und man hatte den Chor mit einer Mauer als provisorischer Fassade geschlossen, um das Abhalten der Gottesdienste zu gestatten. Doch das war noch nicht einmal die Hälfte. So blieb das Gebäude lange unvollendet, ein Torso mit einem hinter dem Transept gerade mal angedeuteten Langschiff. Es folgte eine Reihe verheerender Ereignisse: der schreckliche Brand des Jahres 1541, die Plünderung durch die Calvinisten im Jahr 1620, noch ein Jahrhundert später die schweren Angriffe der Preußen und 1760 schließlich ein Blitz, der einen weiteren Brand auslöste und zudem in den einzigen damals existierenden Turm einschlug. Erst 1872 wurden die Bauarbeiten des westlichen Kirchenschiffs wieder aufgenommen: Joseph Mocker setzte das Werk in vollkommenem Einklang mit dem bereits bestehenden Monument fort. Nach seinem Tod im Jahr 1899 übernahm Kamil Hilbert die Leitung. Erst 1929, tausend Jahre nach dem Tod des Hl. Wenzel, konnte sich der imposante Dom mit seinen typisch gotischen Strebepfeilern endlich als vollendet betrachten.

Die Westfassade

Die von zwei in hochstrebenden Fialen endenden *Doppeltürmen* (82 m Höhe, der Südturm ist dagegen 99,6 m hoch) flankierte Westfassade (20. Jh.) präsentiert sich dem Betrachter dreigeteilt. Sie wird durch und durch ge- schmückt von Fialen, Statuen und anderen Zierelementen in elegantem neugotischen Stil, von traditionellen Wasserspeiern sowie einer wunderschönen, zwischen 1925 und 1927 von František Kysela entworfenen Rosette. Im unteren Teil führen drei graziöse und reich ausgestaltete Portale mit Basreliefs, die Szenen aus dem Leben des Hl. Wenzel (links) und des Hl. Adalbert (rechts) und Momente der Baugeschichte (Mitte) zeigen, zu den Kirchenschiffen.

Die prächtige Westfassade des Veitsdoms mit Details des mittleren Portals und einiger Basreliefs, die dieses schmücken.

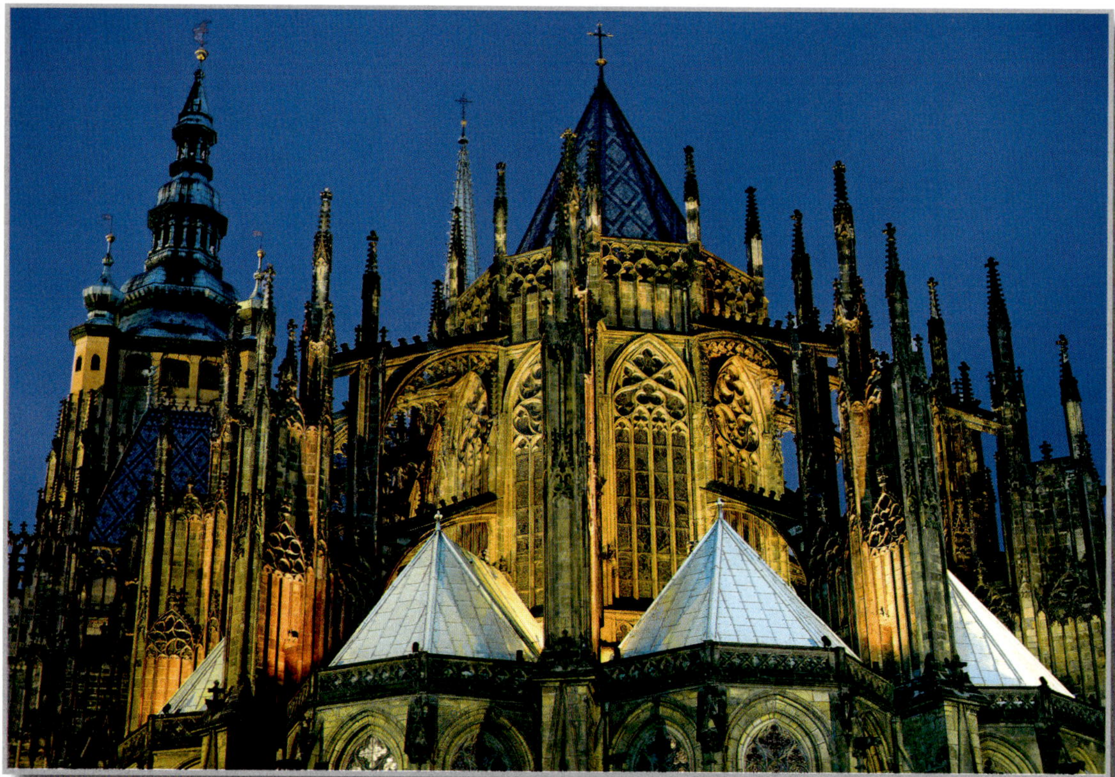

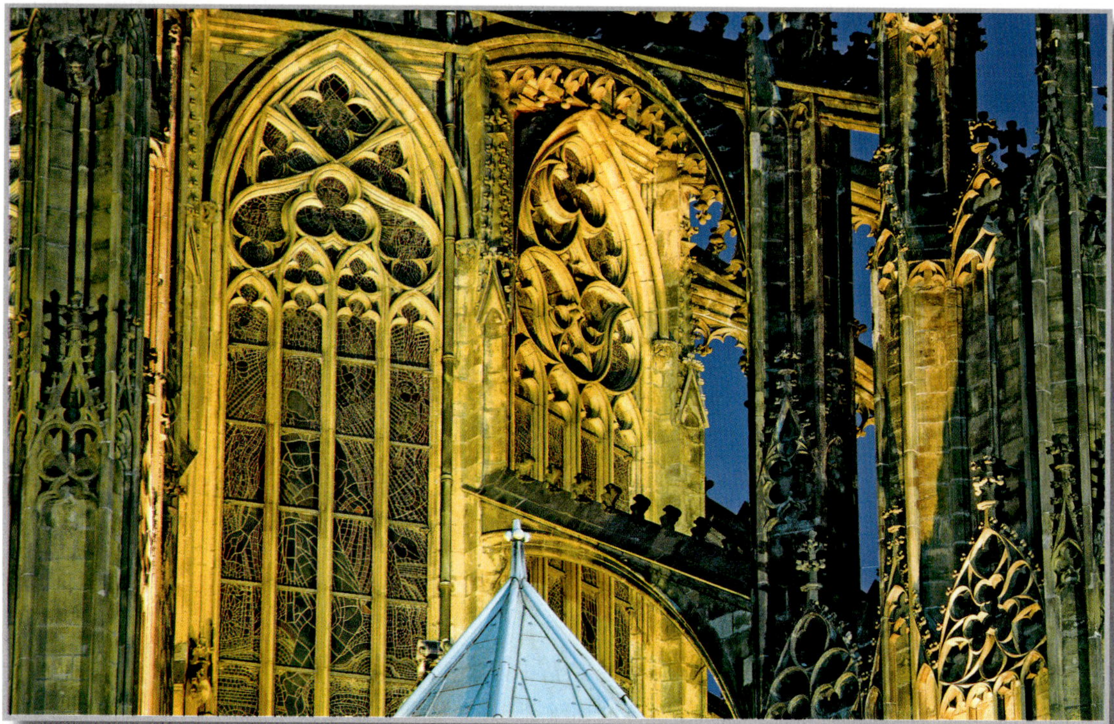

DIE SÜDFASSADE

Überraschenderweise ein Haupteingang für den großen Dom, lange Zeit sogar der einzige Zugang, prunkt die Südfassade aus dem 14. Jh. mit der prächtigen **Goldenen Pforte**, die ein um das Jahr 1370 erschaffenes Mosaikbild des *Jüngsten Gerichts* krönt. Die drei Arkaden der Pforte führen zu der berühmten *Vorhalle* aus wundervoll gearbeitetem Stein. Auf der rechten Seite führt eine Wendeltreppe mit einem Geländer aus kunstvoll ausgearbeitetem Stein bis zum äußeren Triforium. Auf der linken Seite beeindruckt der *Südturm*, der von Peter Parler bereits bis zu einer Höhe von mehr als 50 m hochgezogen, jedoch erst zwei Jahrhunderte später vollendet wurde, mit einem eleganten vergoldeten Gitter, einer Uhr mit zwei Zifferblättern und Glocken aus dem 16./17. Jh. (die größte ist die „Sigismundglocke"). Er gipfelt in einer barock gestalteten Kuppel von Nikolaus Pacassi.

Rechts und unten Ansichten der Südfassade der Kathedrale mit ihrem stattlichen Turm, den eine markante Barockkuppel von Pacassi krönt.

Links die herrliche Apsis, durch und durch geschmückt von Fialen und Türmchen und beleuchtet von großen Fenstern, mit Kapellen im Stil der französischen Gotik.

Hier oben der gotische Gedenkstein, der links der Goldenen Pforte über die Baugeschichte des Doms berichtet; unten das gotische Luftrippengewölbe in der Vorhalle.

DAS JÜNGSTE GERICHT

Dieses wunderbar ausgestaltete Mosaik-bild, ein wahres Meisterwerk der Gotik des 14. Jh., ist wahrscheinlich nach einer Zeich-nung venezianischer Meister entstanden. Es stellt Christus dar, der oben mittig thronend über die Menschen richtet, während unten im Bild sechs böhmische Landesheilige an-dächtig beten. Noch weiter unten, ebenfalls betend, sind in den Bogenwinkeln des zen-tralen Spitzbogens Karl IV. und seine vierte Gemahlin Elisabeth von Pommern abge-bildet. An den Seiten die Apostel und zwei Szenen, die sich als sehr beeindruckend und lehrreich herausstellen sollten: die Verdam-mung und die Auferstehung.

Auf der linken Seite ein Detail des Mosaikbildes des Jüngsten Gerichts. Auf dieser Seite oben das moderne, im südlichen Bereich der Vorhalle befindliche Mosaikbild, das Adam und Eva abbildet.

Sankt-Veits-Dom

DAS KIRCHENINNERE

Der Veitsdom ist 124 m lang, wenig mehr als 33 m hoch und misst an der breitesten Stelle des Querschiffs circa 60 m. Er besitzt drei Langschiffe (zwei etwas niedrigere flankieren das zentrale) und einen überwältigend würdevollen und sehr harmonischen Innenraum. Große Fenster erzeugen eine wunderbare Lichtstimmung. Unter diesen wird in 14 m Höhe das elegante, sehr originelle **Innere Triforium** von einer außergewöhnlichen Büstengalerie veredelt. Unten folgen zahlreiche **Kapellen** aufeinander, von denen einige sehr alt sind und z.T. von Mathieu d'Arras und Peter Parler geplant wurden, während andere neueren Datums sind. Oben kann man das spektakuläre Geflecht des außergewöhnlichen **Netzgewölbes** bewundern, eine Neuheit für das Europa des 14. Jh. und

wieder einmal dem Genie Peter Parler zuzuschreiben. Auf der Westseite stellt die kaleidoskopische **Fensterrose** mit ihren mehr als 27.000 bunten Glasscheiben Szenen der Schöpfung dar. In der Mitte des Langschiffs sticht die Grabstätte des Hl. Adalbert hervor, für den außerhalb der provisorischen Westfassade des unvollendeten Doms auch eine Kapelle gebaut worden war, die später jedoch bei Wiederaufnahme der Bauarbeiten zerstört wurde. Im Osten liegt das Querschiff, das das Langhaus mehr oder weniger an der Stelle kreuzt, an der die Bauarbeiten des Doms im 15. Jh. unterbrochen wurden. Über den Schnittpunkt wachen die acht Holzstatuen der böhmischen Landesheiligen: Adalbert, Johannes von Nepomuk, Ludmila, Norbert, Prokop, Sigismund, Wenzel und Veit. Der Nordflügel

Das schlanke zentrale Langschiff des Veitsdoms zeichnet sich aus durch das beeindruckende Netzgewölbe, die herrliche Fensterrose der Fassade und die Maßwerkfenster der Apsis mit ihren bunten Scheiben.

MODERNE SCHÄTZE

Die ungewöhnlichen, chronologisch deutlich zweigeteilten Geschicke dieses Doms bezeugen auch einige bedeutende Kunstwerke der Moderne, die dieser wertvolle gotische Schrein hütet. Dazu gehören zum Beispiel der *Holzaltar* (1927) und ein über ihm ragender **Gekreuzigter Christus** aus dem Jahr 1899, beides sehr graziöse Werke, die František Bílek, ein führender Vertreter des Symbolismus, für die Neue Sakristei anfertigte; oder die prächtigen bunten Glasfenster von F. Kysela, M. Švabinský und insbesondere von **Alfons Mucha** (1860-1939), der zu Recht als einer der größten Maler und Dekorateure des Jugendstils gilt.

des Querschiffs endet in einer würdevollen *Renaissance-Tribuna*, die ursprünglich als monumentaler und vorübergehender Chorabschluss des unvollendeten Doms diente (und erst 1924 hierher verbracht wurde) und heute in einer Orgel aus dem 18. Jh. gipfelt. Durch ein glänzendes neugotisches *Maßfenster*, dessen Scheibe (erschaffen im Jahr 1939 von Max Švabinský) Szenen des *Weltgerichts* darstellt, flutet Licht in den mittleren Flügel. Beleuchtet von drei großen Maßfenstern mit Scheiben aus dem 20. Jh. öffnet sich schließlich die große *Apsis*. Vor ihr beeindruckt das imposante **Habsburger-Mausoleum** aus dem ausgehenden 16. Jh., das Alexander Colin zwischen 1570 und 1589 anfertigte. Hinter der Statue des *Auferstandenen Christus* sind Ferdinand I., seine Gemahlin Anna Jagiello und ihr Sohn, Kaiser Maximilian II., liegend dargestellt. Das große Marmormonument krönt die darunter liegende **Königskrypta**, zu der man von der Heilig-Kreuz-Kapelle Zugang hat und die in der ersten Hälfte des 20. Jh. neu gestaltet wurde. Hier ruhen, geschützt von einem eleganten Gitter, seit dem Ende des 16. Jh. die sterblichen Reste vieler Mitglieder der kaiserlichen Familie.

Links die herrlichen modernen Glasfenster, die der geniale Künstler Alfons Mucha gestaltete.
Unten das großartige Habsburger-Mausoleum am Fuße der reich ausgestalteten Kanzel.

DIE KAPELLEN

Auch wenn eine jede der 19 Kapellen, die in der Kathedrale vom Langschiff ausgehend bis hin zur Apsis und zum Südturm aufeinander folgen, prachtvoll und besonders ist, sind einige eine besondere Erwähnung wert. Da wären zum Beispiel die **Sigismundkapelle**, die die Gebeine des Hl. Sigismund hütet; die alte, jedoch im 19. Jh. wieder erbaute **Kapelle Johannes des Täufers**, in der die Fürsten Bořivoj II. und Břetislav II. in gotischen Gräbern und die Erzbischöfe Anton Brus von Müglitz und Martin Medek in Gräbern aus dem 16. Jh. ruhen; die **Marien-Kapelle**, die Karl IV. an der Stelle errichten ließ, an der der Grundstein der Kathedrale gelegt worden war, und vor der das *Grab des Hl. Veit* hervorsticht; oder die **Reliquienkapelle**, die die Gräber von Ottokar I. (Přemysl Otakar I) und Ottokar II. (Přemysl Otakar II) aufbewahrt. Die wertvollste, berühmteste und meistbesuchte Kapelle des Doms ist jedoch ohne den geringsten Zweifel die **Wenzelskapelle**, die östlich des Südturms in Übereinstimmung mit der Apsis der alten romanischen Rotunde liegt und mit deren Bau Karl IV. erneut Peter Parler beauftragt hatte, der sie 1367 vollendete.

*Auf der vorherigen Seite die **Sigismundkapelle**, ein architektonisches Meisterwerk von Peter Parler. In ihr werden die sterblichen Reste des Bourbonenkönigs Sigismund verwahrt, die Karl IV. nach Prag sandte. Renaissancefresken zeigen Szenen aus dem Leben des Heiligen. Der opulente Barockaltar ist das Werk von Franz Maximilian Kaňka.*

*Hinter dem Chorgestühl gedenken wunderschöne **Holzreliefs** dem Aufstand der Böhmischen Staaten zwischen 1618 und 1620. Insbesondere das Relief der **Flucht des „Winterkönigs" Friedrich V. von der Pfalz aus Prag** beinhaltet ein außergewöhnliches Panorama der Stadt. Das Werk wird dem renommierten Hoftischler Kaspar Bechteler zugeschrieben und auf die Zeit vor 1630 datiert.*

*Gegenüber der Kapelle der Familie Pernstein steht die monumentale **Statue des Kardinals Friedrich von Schwarzenberg**, ehemals Erzbischof von Prag. Sein Nachfolger, Kardinal Schönborn, hatte J. V. Myslbek, einen der wichtigsten Exponenten der tschechischen Bildhauerkunst, mit ihrer Anfertigung (1892-1895) betraut.*

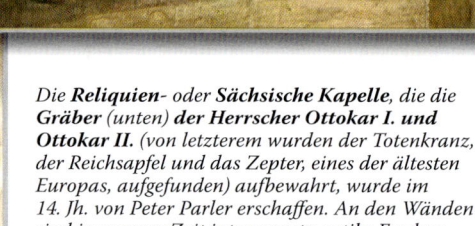

Die **Reliquien-** oder **Sächsische Kapelle**, die die **Gräber** (unten) **der Herrscher Ottokar I. und Ottokar II.** (von letzterem wurden der Totenkranz, der Reichsapfel und das Zepter, eines der ältesten Europas, aufgefunden) aufbewahrt, wurde im 14. Jh. von Peter Parler erschaffen. An den Wänden sind in neuerer Zeit interessante antike Fresken zum Vorschein gekommen (oben).

Unter dem Glasfenster der Dreifaltigkeit steht seit 1840 der **Altar**, der an die Präsenz des **Grabes des Hl. Veit** erinnert. Er blickt zur Marien-Kapelle. Die Sandsteinstatue aus dem 19. Jh. ist ein Werk von Emanuel Max.

DAS GRAB DES ST. JOHANN NEPOMUK

Die Johannes-Nepomuk-Kapelle schmücken ein wertvoller Altar, der die Reliquien des Hl. Adalbert birgt, und Silberbüsten der Heiligen Kyrill, Method, Wenzel und wiederum Adalbert. Vor ihr können wir eines der Meisterwerke der böhmischen Kunst des 18. Jh. bewundern: das Hochgrab von Johannes von Nepomuk.

Der wundervoll ausgestaltete Silbersarkophag, den ein eleganter Baldachin (ein Geschenk der Kaiserin Maria Theresia) einrahmt, ist das Werk von Josef Emanuel Fischer von Erlach (1733-1737) und wird gekrönt von einer beeindruckenden knienden Figur des Heiligen mit Kruzifix.

Mit einer überwältigenden,
theatralisch anmutenden
Dekoration präsentiert sich
das nach seinem Auftraggeber,
König Wladislaw II. Jagiello,
benannte **Königliche
Oratorium** aus dem Jahr 1493.
In einem Geflecht ausgefeilter
naturalistischer Ornamente trägt
das Wladislawsche Oratorium
die Wappen aller Länder, die
damals unter der Herrschaft
der Jagiellonen standen. Oben
stechen vielfarbige Statuen
von Bergmännern in langen
Kitteln hervor, eine bedeutsame
Ehrerbietung an die wertvollen
Silberminen, die eine wichtige
Stütze der Macht der Jagiellonen
waren. Ebenso interessant ist
die auf einem nahen Kapitell
befindliche Darstellung von
Adam und Eva, eine der ältesten
Bildhauerarbeiten des Doms
(unten rechts).

DIE PORTRÄTBÜSTEN DES TRIFORIUMS

*Mathieu d'Arras,
erster Dombaumeister*

Das Triforium der Kathedrale ist berühmt für seine außergewöhnliche Galerie vorkragender Porträtbüsten. Sie beginnt mit Werken von Peter Parler aus dem 14. Jh., um im modernen Teil mit Skulpturen aus dem 20. Jh. zu schließen. Auf die ältesten Porträts von 11 Mitgliedern der Familie Karls IV. (der Kaiser selbst, seine vier Gemahlinnen und die jeweiligen Kinder, die Eltern und die Brüder) folgen drei Erzbischöfe und auf diese, eine ungewöhnliche Neuheit für die damalige Epoche, die Büsten von fünf Bauleitern sowie die Porträts der beiden Domschöpfer: Mathieu d'Arras und Peter Parler (Selbstporträt). Ein Zeitsprung von mehreren Jahrhunderten führt uns schließlich zu Büsten von Persönlichkeiten, die mit der endgültigen Vollendung des Doms betraut waren. So ist dieses Triforium praktisch ein Musterbeispiel für die Entwicklung der Figur des Künstlers und des Architekten in der allgemeinen Achtung und in der Bewertung von Auftraggebern und Institutionen.

*Peter Parler,
zweiter Dombaumeister*

*Johann von Luxemburg,
König von Böhmen,
Vater Karls IV.*

*Elisabeth von
Böhmen,
Mutter Karls IV.*

KARL IV.

Der bei seiner Geburt am 14. Mai 1316 auf den Namen Wenzel (den Namen Karl nahm er erst bei der Krönung an) getaufte Sohn von Johann von Luxemburg und Elisabeth von Böhmen war römisch-deutscher König, König von Böhmen, römisch-deutscher Kaiser, Graf von Luxemburg und Markgraf von Brandenburg. Vier Ehefrauen, alle aus königlichem Geschlecht, begleiteten sein Leben. Seine erste Gemahlin, Blanca von Valois, Halbschwester von Philipp IV., schenkte ihm zwei Töchter, Margarete und Katharina; seine zweite, Anna von der Pfalz, einen Sohn, der einjährig verstarb; aus seiner dritten Ehe mit Anna von Schweidnitz gingen Tochter Elisabeth und Sohn Wenzel (der spätere Wenzel IV., König von Böhmen) hervor; die vierte Gemahlin, Elisabeth von Pommern, die er 1363 heiratete, gebar ihm Anne, Sigismund (den späteren römisch-deutschen Kaiser), Johann, Karl, Margarete und Heinrich. Diese zahlreiche Familie begleitet den Kaiser auch in seiner ewigen Ruhe.

Johann Heinrich, Bruder Karls IV., Herzog von Kärnten, Graf von Tirol, Markgraf von Mähren

Blanca Margarete von Valois, erste Gemahlin Karls IV.

Anna von der Pfalz, Tochter des Pfalzgrafen Rudolf II., zweite Gemahlin Karls IV.

Anna von Schweidnitz, dritte Gemahlin Karls IV.

Wenzel IV., Sohn Karls IV. und seiner dritten Gemahlin Anna von Schweidnitz

Karl IV., König von Böhmen, römisch-deutscher Kaiser

Elisabeth von Pommern, vierte Gemahlin Karls IV.

Von den archäologischen Ausgrabungen aus gelangt man durch ein im Stil strenges Gitter, vor dem ein auf den Hinterbeinen stehender kaiserlicher Löwe wacht, zu den Gräbern der Königskrypta. Auf der hinteren Umschlaginnenseite dieses Buches finden Sie die vollständige Rekonstruktion der Krypta mit detaillierten Angaben zu den einzelnen Gräbern.

DIE ROTUNDE

Unter dem heutigen Veitsdom haben sorgfältige Ausgrabungen Reste der **vorromanischen St.-Veits-Rotunde** und der einstigen **romanischen Basilika**

mit ihrem ursprünglichen Altar freigelegt. Dank dieser Entdeckung, deren historische Bedeutung unermesslich ist, gestaltet sich der Besuch in der nahen **Königskrypta** noch eindrucksvoller: Hier ruhen Karl IV., seine vier Gemahlinnen, sein Sohn Wenzel IV. mit Ehefrau Johanna von Bayern, Ladislaus Postumus und Georg von Podiebrad. Unter den anderen Mitgliedern der kaiserlichen Familie, die hier ihre letzte Ruhestätte gefunden haben, wollen wir besonders an Rudolf II. erinnern, der in einem wertvollen Zinnsarkophag aus dem 17. Jh. gebettet liegt.

Domschatz.
Reliquiar
des Hl. Adalbert

Domschatz.
Kelch aus Kristall, vergoldetem
Silber und Edelsteinen

Domschatz.
Silberreliquiar des Hl. Veit. Es
handelt sich um eines der sechs
Exemplare, die König Wladislaw
II. Jagiello für die Kathedrale in
Auftrag gab (Ende des 15. Jh.)

Kronjuwelen.
Der Reichsapfel

Domschatz.
Reliquiar
des Hl. Wenzel

Kronjuwelen.
Das kaiserliche Zepter

Kronjuwelen.
Die Wenzelskrone

DER DOMSCHATZ
UND DIE KRONJUWELEN

Der Veitsdom hütet unvorstellbar schöne Schätze der antiken Goldschmiedekunst, deren religiöser Wert unermesslich ist. Ein Teil davon, darunter wertvolle liturgische Gegenstände aus dem 6.-20. Jh., bildet den **Domschatz**, der neben der **Neuen Sakristei** auf der Nordseite des Doms aufbewahrt wird (dort liegt übrigens auch die **Alte Sakristei**, die frühere Michaelskapelle, mit einem außergewöhnlich schönen Netzgewölbe, das einen originellen hängenden Gewölbescheitel bildet). Andere, nicht weniger prächtige Kostbarkeiten, gehören zu den **Kronjuwe-** len und werden in der sogenannten **Kronkammer** aufbewahrt, die über der Wenzelskapelle liegt. Zu ihrer von sieben Schlössern (deren sieben Schlüssel sieben verschiedene Personen besitzen) versiegelten Tür gelangt man über eine Treppe. Unter allen Pretiosen stechen das *Wenzelsschwert*, die goldene *Wenzelskrone*, die auf die Zeit Karls IV. zurückreicht (und der Legende zufolge in der Lage sein soll, jeden, der die Krone unrechtmäßig aufsetzt, innerhalb eines Jahres zu töten), das *Zepter* und der *Reichsapfel* aus der Zeit Ferdinands I. hervor.

Hl. Franciscus
Hl. Petrus
Hl. Elisabeth

B. V. MARIA
ST. ADALBERT
ST. CYRILLUS
ST. CLEMENS
SEMPER FIDELE
CAPITOLUM
METROPOLITANUM
MDCCCLXV

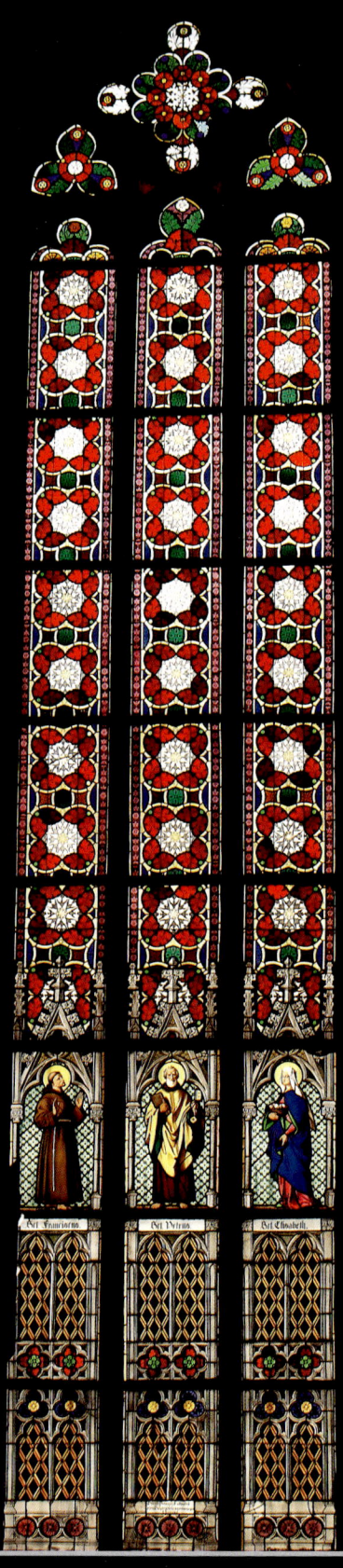

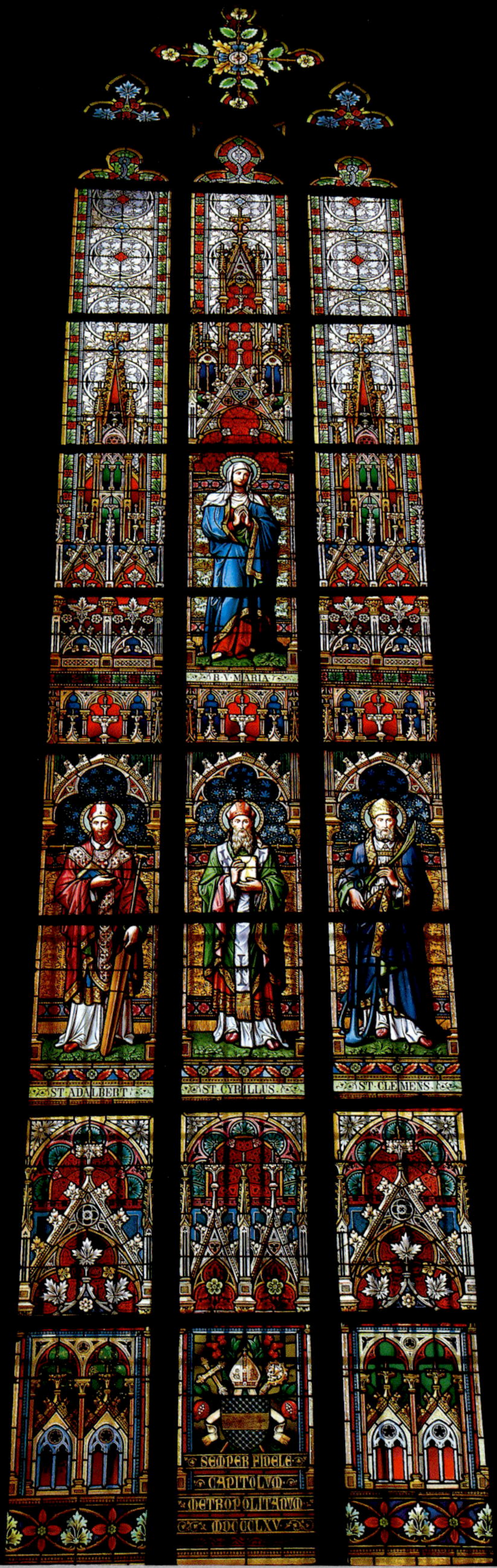

ST·JOANNES·BAPT·

S·WENCESLAVS· S·WOLFGANG· S·JOANNA·

Wenceslaus
Sigismund
Marametz
cum uxore
Joanna nata
Küffer
ab Assmansoilla
1875.

DIE WENZELSKAPELLE

Keine Kapelle des Veitsdoms ist so groß, so kostbar und in religiöser Hinsicht so bedeutend wie die quadratisch angelegte Wenzelskapelle, denn sie bewahrt an der gleichen Stelle, an der sie ursprünglich, damals im Inneren der St.-Veits-Rotunde, begraben wurden, die Reliquien des Hl. Wenzel, des Landespatrons Böhmens, auf. An ihren Wänden rahmen an die 1350 wertvolle Edelsteine einen wunderbaren Freskenzyklus der *Leidensgeschichte Christi* (1372-1373) ein.

Eine kostbar ausgestaltete Tür (oben) führt zu der Treppe, über die man zur Kronkammer gelangt. Im oberen Bereich schildert ein zweiter Freskenzyklus, dieses Mal aus dem 16./17. Jh., Szenen aus dem Leben des Hl. Wenzel. Außerdem erinnern in dieser Kapelle an den Heiligen eine besondere, türmchenförmige Reliquie (links) sowie eine wertvolle, vielfarbige Statue aus Stein (1373), die wahrscheinlich das Werk eines Neffen Peter Parlers und vor einem weiteren Fresko mit Engeln und Heiligen zu sehen ist (unten).

Der Königspalast

Vom Königlichen Oratorium des Veitsdoms führt ein schmaler überdachter Gang direkt zum Alten Königspalast im südlichen Teil des Dritten Burghofs. Die Anfänge des Gebäudes reichen zurück bis ins 12. Jh., als hier auf Wunsch des Herzogs Soběslav I. die erste königliche Residenz entstand, ein romanischer Palast mit quadratischem Grundriss, dessen mächtige Südmauern später Teil der

Oben die Außenansicht des Wladislaw-Saals, Kabinettstück des Alten Königspalastes; unten der alte Durchgang, der die Kathedrale mit dem Königspalast verbindet.
Rechts eine Ansicht des Dritten Burghofs mit dem Reiterstandbild des Hl. Georg, das zum Eingang des Königlichen Palastes blickt.

Burgmauer wurden. 1185 wurde neben diesem die Allerheiligen-Kapelle errichtet. Mitte des 13. Jh. baute Ottokar II. den Palast aus, doch erst im 14. Jh. fand unter Karl IV. (damals noch einfacher Erbprinz) eine erhebliche Vergrößerung in Richtung Norden und Westen statt, um den notwendigen Platz für die Realisierung der großen Empfangssäle zu gewinnen. Dabei erfolgte eine echte Überlagerung des Romanischen durch das Gotische. Die Umgestaltung in eine elegante und komfortable Residenz für die königliche Familie ließ Wenzel IV. vornehmen, der außerdem einen weiteren Ausbau sowie die Änderung des direkten Durchgangs zwischen dem Palast und der angrenzenden Allerheiligen-Kapelle veranlasste. Nach den Hussitenkriegen lange Zeit vernachlässigt, durfte der Palast unter König Wladislav II. Jagiello wieder würdevolle Funktionen übernehmen. Der Jagiellonenkönig ließ ab 1483 außerdem eine lange Reihe großer baulicher Eingriffe durchführen, die insbesondere den ersten Stock betrafen. Dazu gehörte auch die Errichtung des majestätischen Wladislaw-Saals. Nach dem verheerenden Brand von 1541 musste Kaiser Ferdinand I. von Habsburg für die beachtlichen Schäden aufkommen und u.a. die Alte Landrechtsstube neu erbauen lassen. Im Laufe der Zeit verlor der Palast jedoch nach und nach seine ursprüngliche Funktion: Zuerst musste er nur auf seine Rolle als Residenz der königlichen Familie verzichten (die Habsburger zogen die Räumlichkeiten des Westteils der Burg vor), später wurden auch seine administrativen Aufgaben immer weniger, doch er blieb immerhin der Schauplatz wichtiger öffentlicher Zeremonien.

Im 18. Jh. schließlich wurden im Rahmen des radikalen Umbaus der gesamten Burg, den Nikolaus Pacassi auf Wunsch der Kaiserin Maria Theresia vornahm, die Fassaden in vollkommener Harmonie mit den umliegenden Gebäuden vereinheitlicht, womit der Alte Königspalast endgültig in die neue habsburgische Physiognomie des imposanten Komplexes integriert wurde.

DIE INNENRÄUME

Wenn man heute am anmutigen *Adlerbrunnen* (1664, ein Werk von Francesco della Torre) vorbei durch die zauberhafte Kulisse der Fassade aus dem 18. Jh. schreitet und den Königspalast betritt, ist es, als ob man in die Geschichte zurückversetzt würde. Denn in seinem Inneren mit den prächtigen Sälen, den weiten Räumen und den prunkvollen Treppen scheint die Zeit stehen geblieben zu sein. Wir beginnen mit der **Grünen Stube**, in der einst Karl IV. der Diskussion kleinerer Rechtsstreitigkeiten vorsaß und die später, Anfang des 16. Jh., als Sitz des Hofgerichtes diente. Wenig weiter öffnet sich der spektakuläre, majestätisch große **Wladislaw-Saal**, erstes Zeugnis des unter dem Jagiellonenkönig durchgeführten Umbaus. Baumeister Benedikt Ried errichtete

den Saal zwischen 1492 und 1502 im Auftrag von König Wladislaw II. Jagiello als Ersatz für drei bereits bestehende gotische Säle (darunter der Thronsaal), die auf Karl IV. zurückgehen. Der 62 m lange, 16 m breite und 13 m hohe Wladislaw-Saal war damals der größte Saal Europas, groß genug, dass in ihm außer den üblichen Hofzeremonien sogar Reitturniere und Märkte stattfinden konnten.

Seine Berühmtheit verdankt der Saal dem außergewöhnlichen Muster des eleganten kurvigen Schlingrippengewölbes sowie seiner Helligkeit, die ihm die großen, bereits von der Renaissance inspirierten Fenster schenken. Überhaupt scheint der gesamte Komplex von einem frischen Wind geprägt zu sein, von einer gewagten, innovativen Architektur, die sich von den spätgotischen Regeln wegbewegte und deutlich auf den neuen Zeitgeist

hindeutete: die Renaissance und die Entdeckung der Empfindsamkeit. Heute wird in diesem von fünf großen, antiken Zinnleuchtern (16. Jh.) beleuchteten Saal, der übrigens einen herrlichen Blick auf die Gartenanlagen auf der Südseite genießt, der Präsident der Republik gewählt. Den anschließenden Südflügel ließ Wladislaw II. Jagiello für seinen Sohn Ludwig bauen, daher wird er der **Ludwigs-Trakt** genannt. Er ist mit einem wundervollen langen Aussichtsbalkon ausgestattet. Hier trifft man auf die beiden **Räume der Böhmischen Kanzlei**, damals die höchste Institution nach dem Herrscher. Der erste Raum, die ehemalige Amtsstube, zeichnet sich aus durch ein elegant verwobenes spätgotisches Rippengewölbe, der zweite schrieb Weltgeschichte: Hier fand der Prager Fenstersturz statt. Doch auch viele andere Säle im Inneren des Alten Königspalas-

Der majestätische Wladislaw-Saal.

Die Alte Landrechtsstube mit dem prächtigen Königsthron und der Ausstattung aus dem 19. Jh.

DIE REITERSTIEGE

Eine indirekte Bestätigung dafür, dass im Wladislaw-Saal auch leidenschaftliche Reitturniere stattfanden, liefert uns die Präsenz der originellen Reiterstiege. Sie entstand in Übereinstimmung zum Eingang des bereits vorher bestehenden Thronsaals Karls IV. mit Zugang vom Georgsplatz. Ihre flachen, abgeschrägten, eigentlich nur angedeuteten Originalstufen beweisen eindeutig, dass sie extra dafür gebaut worden war, damit die Ritter bequem auf den Pferden in den Saal reiten und ihrem König würdig die Ehre erweisen konnten, ohne für das Überwinden der Treppe vom Pferd steigen zu müssen.

zuvor nachstellen, als der König 1627, auf dem Thron sitzend und mit dem Prager Erzbischof an seiner Seite, die Verneuerte Landesordnung verkündete, welche die Macht und die Rechte der aufständischen böhmischen Länder stark einschränkte. In die Augen fallen in diesem Saal die herrliche *Tribüne*, die den Landesschreibern vorbehalten war, sowie die großen *Porträts*, die die wichtigsten Exponenten der kaiserlichen Familie zeigen: Maria Theresia und ihren Gemahl Franz Stephan von Lothringen sowie ihre Söhne Joseph II., Leopold II. und Franz II. Weiter nördlich, im Untergeschoss in Höhe der Reiterstiege, liegt der verbliebene gotische Flügel, der auf den Palast von Karl IV. zurückgeht. Hier befindet sich das wahrscheinlich aus der Zeit von Ottokar II. stammende Büro der **Alten Landtafel**, in dem der Brand von 1541 unermessliche Schäden anrichtete, da er auch

Links einer der vier Räume der Landtafel mit den Wappen aller Kanzler, die hier zwischen 1561 und 1774 tätig waren. Unten der erste Raum der Böhmischen Kanzlei mit einem eleganten Kachelofen aus dem 17. Jh.

tes sind einen kleinen Diskurs wert. In der freundlich hellen **Reichshofkanzlei** aus der Renaissance wurden im Jahr 1621 die Adeligen, die am Widerstand gegen die Habsburger teilgenommen hatten, öffentlich zum Tode durch Enthauptung verurteilt. Die vier Räume der **Landtafel** aus dem 16. Jh. verbindet eine zauberhafte Wendeltreppe mit dem Wladislaw-Saal. Nordöstlich des Wladislaw-Saals liegt in dem Flügel, der auf Wenzel IV. zurückgeht und von Wladislaw II. Jagiello umgebaut wurde, die **Alte Landrechtsstube**, in der der Brand von 1541 zerstörerisch wütete. Architekt Wohlmut griff bei ihrem Wiederaufbau auf die für die gotischen Gewölbe typischen Rippen zurück, benutzte sie jedoch nur als rein dekoratives Element. Einst Sitz des Obersten Landgerichts und der Generallandtage der böhmischen Länder, präsentiert sich der Saal nunmehr mit Einrichtungsgegenständen aus dem 19. Jh., die jedoch geschickt sein Aussehen von vielen Jahrhunderten

einen großen Teil der Archive vernichtete. Im **Arkadenhof** aus der Epoche Karls IV. ließ dessen Sohn Wenzel einen Teil der Arkaden zumauern. Unter dem Fußboden des **Gotischen Saals** aus dem 14. Jh. trat ein älterer romanischer Saal zutage. In dem aus der Vereinigung von drei Räumen entstandenen **Saal Kaiser Karl IV.**, dessen kurviges Gewölbe auf dessen Sohn Wenzel IV. zurückgeht, illustrieren heute interessante Plastiken anschaulich die historische und architektonische Entwicklung des Alten Königspalastes. Der elegante **Säulensaal von Wenzel IV.** schließlich wurde nach den beiden Säulen benannt, die sein Gewölbe stützen. Von dem älteren romanischen Komplex – der von den nachfolgenden Bauphasen dem Rang und der Lage nach zum zweiten Untergeschoss degradiert (und in den späteren Jahrhunderten auch als Keller benutzt) wurde – sind neben den Resten einiger sehr alter Befestigungen auch einige interessante Überreste des antiken *Südtors* sowie ein großer, fast 50 m langer *Saal* mit Tonnengewölbe erhalten, über den man in das unterirdische Gewölbe der angrenzenden Allerheiligen-Kapelle gelangt.

ALLERHEILIGEN-KAPELLE

Vom Wladislaw-Saal gelangten die böhmischen Herrscher durch ein Renaissanceportal von Giovanni Gargiolli direkt zur Empore der angrenzenden Allerheiligen-Kapelle, an deren Stelle früher eine romanische Fürstenkapelle (1185) stand. Die Allerheiligen-Kapelle wurde zwischen 1370 und 1387 im Auftrag Karls IV. von Peter Parler in gotischem Stil nach dem Vorbild der Pariser Sainte-Chapelle errichtet. Doch ist das von einem Gewölbe im Renaissancestil und einem barocken Hochaltar veredelte Gotteshaus, das wir heute hier bewundern, das Ergebnis einer grundlegenden Erneuerung im späten 16. Jh., die die schrecklichen Verwüstungen des Brandes von 1541 notwendig machten. Den Umbau veranlasste übrigens eine ganz besondere Auftraggeberin: Elisabeth, Königin von Frankreich, die Witwe von Karl IX. und Schwester von Rudolf II.. In dieser Kirche werden seit 1588 die Gebeine des Hl. Prokop, Landespatron Böhmens, aufbewahrt.

Eine Innenansicht der schlichten Allerheiligen-Kapelle.

St.-Georgs-Kloster und St.-Georgs-Basilika

Der vor der Errichtung des Doms um einiges größere Georgsplatz war ursprünglich der wichtigste Platz der Burg. Fürst Vratislav I. ließ hier im Jahr 920 eine einschiffige Kirche errichten, die 925 geweiht wurde und dazu bestimmt war, die sterblichen Reste der ersten Martyrerin Böhmens, der Fürstin Ludmila aufzubewahren. Die früh heilig gesprochene Ludmila, war Vratislavs Mutter und außerdem die Großmutter des nachmalig heilig gesprochenen Wenzel, Vratislavs Sohn. Als 973 das angeschlossene Kloster auf Betreiben des Herzogs Boleslaw II. und dessen Schwester Mlada (Milada - Maria, erste Äbtissin des St-Georgs-Klosters) errichtet wurde, verspürte man das Bedürfnis, die kleine Kirche zu vergrößern, um ihre längst anerkannte Bedeutung zu unterstreichen. Man wandelte sie um in eine dreischiffige Basilika mit drei Apsiden und zwei Krypten (in denen im Laufe der Jahre die Přemyslidenherrscher begraben wurden). Nach der Belagerung des Jahres 1142, während der sie schwer beschädigt wurde, wurde die Kirche mit einer größeren Länge wieder aufgebaut und mit den beiden **Türmen** ausgestattet. Der Nordturm wurde im Barock in das Kloster integriert, der Südturm entstand an der Stelle, an der sich einst die Marien-Kapelle (heute Annen-Kapelle) erhob, wahrscheinlich in Übereinstimmung mit der ursprünglichen

Ganz oben die Fassade der St.-Georgs-Basilika. Oben eine Detailansicht einer der beiden symmetrischen Barocktreppen, die von den Grabmälern der Přemyslidenherrscher zum quadratischen Chor führen.

Grabstätte der hl. Ludmila. Für die würdige Aufbewahrung der Gebeine der Heiligen wurde im 13. Jh. die **Ludmila-Kapelle** (an die südlich die romanische Apsis anschließt) errichtet, während ihre *Tumba* aus Stein im 14. Jh. entstand. Karl IV. ließ sie von Peter Parler anfertigen, der auch die neue *Westfassade* erschuf. In das 17. Jh. fallen die barocke Überarbeitung der Kirche mit den unverkennbaren roten Ziegelsteinen sowie die Errichtung der **Johannes-Nepomuk-Kapelle** (deren herrliches barockes Kuppel-*Fresko* der *Apotheose des St. Johann Nepomuk* von Wenzel Lorenz Reiner stammt) neben der südwestlichen Ecke der Basilika. Interessant ist auch die sogenannte *Südfassade* mit einer romanischen Mauer, in der ein prachtvolles, in das Jahr 1515 datierbares Renaissanceportal hervorsticht. Das Meisterwerk von Benedikt Ried führt in das südliche Kirchenschiff. Parallel verlief die Entwicklung des Klosters, das ursprünglich dem Orden der Benediktinerinnen anvertraut war, die sich um die Erziehung der Töchter des böhmischen Adels kümmerten. Wie die Kirche 1142 während der Belagerung verwüstet, wurde das Kloster in kurzer Zeit wieder aufgebaut, größer und um ein Geschoss höher. Begünstigt von dem Umstand, dass seine Äbtissinnen gewöhnlich der Aristokratie, oft sogar der Königsfamilie, angehörten, wuchs das Kloster bald an Größe und Bedeutung. Es erhielt einen großen gotischen Kreuzgang sowie das Privileg für seine Äbtissin, der böhmischen Herrscherin die Krone aufzusetzen. Nach seiner Zerstörung durch den Brand von 1541 wurde es im Renaissance-Stil wiederaufgebaut. Im nachfolgenden Jahrhundert erfuhr es einen ganzheitlichen Umbau nach den Diktaten des Barock, denen sich auch der neue **Kreuzgang** fügte, welcher den älteren aus der Gotik vollständig ersetzte. Im Jahr 1782

Oben eine Gesamtansicht des Kirchenschiffs. Links eine der Kapellen der Basilika und unten die Fresken, die das Kuppelinnere der barocken Johannes-Nepomuk-Kapelle schmücken.

schließlich wurde das mächtige Kloster unter Kaiser Joseph II. aufgehoben, sein Gebäude in eine Kaserne verwandelt. Den Innenraum der Kirche, der hinter der barocken Fassade noch heute seine romanische Schlichtheit bewahrt, schmücken hohe Emporen, die *Grabmäler* der Přemyslidenherrscher (darunter die Tumba des Kirchengründers, Fürst Vratislav I.), wertvolle *Fresken* in den halbkreisförmigen Apsiden und den Kapellen sowie die *Krypta* mit Kreuzgewölbe (12. Jh.). Das Kloster beherbergt seit 1975 im Obergeschoss die **Abteilung der Prager Nationalgalerie**, die der Malerei des Manierismus (besonders am Hofe Rudolfs II.) sowie des böhmischen Barock des 17. und 18. Jh. gewidmet ist, mit Meisterwerken von Hans von Aachen, Bartholomäus Spranger, Adriaen de Vries, Peter Johannes Brandl, Wenzel Lorenz Reiner, Matthias Bernhard Braun.

Peter Johannes
Brandl, Apostel,
1725

Jan Kupecky,
Der Miniaturenmaler
Karl Bruni,
1709.

Matthias Bernard Braun,
Hl. Luitgard mit dem
Gekreuzigten, *1710.*

Adriaen de Vries,
Pferd, *Bronzefigur,*
1610.

Goldenes Gässchen

Ein Abstecher in diesem romantischen und pittoresken Sträßchen, das auch unter der Bezeichnung Alchimisten-Gasse bekannt und ein Zeugnis des „magischen Prags" ist, ist ein absolutes Muss für jeden Burgbesucher. Der Legende nach sollen die Alchimisten Rudolfs II. hier, in dieser hinter dem St.-Georgs-Kloster von Westen nach Osten verlaufenden Gasse, in dampfenden dunklen Werkstätten nach dem Stein der Weisen und der Herstellung von Gold gesucht haben, gewiss einer der

faszinierendsten Mythen unter den unzähligen Sagen, die sich um die Stadt und ihre Burg ranken. In Wirklichkeit scheint es jedoch so zu sein, dass die auf das Gässchen gehenden kleinen Renaissance-Häuschen erst in der zweiten Hälfte des 16. Jh. entstanden. Sie wurden an Stelle von an die zwanzig ärmlichen provisorischen Behausungen, die dicht an der Burgmauer bereits das Gässchen säumten, als Unterkünfte für die

Diener und Wachen Rudolfs II. gebaut, wobei sie im Süden die Reste der romanischen Befestigungen aufnahmen und im Norden die ältesten Verteidigungswälle ersetzten. Später ließen sich hier auch die Goldschmiede nieder und noch viel später, zwischen 1916 und 1917, soll Franz Kafka in dem Haus der Nummer 22 einige seiner Erzählungen geschrieben haben. Heute sind in den kleinen Häuschen, die einst von kleinen Handwerkern und armen Leuten bewohnt wurden, pittoreske Läden untergebracht, in denen man Souvenirs sowie Gegenstände aus handwerklicher und künstlerischer Herstellung erstehen kann. Von der dahinter liegenden Burgmauer genießt man dank des langen *Wehrgangs*, der sich hoch über den Behausungen windet und seit jeher als Verbindung zu den Wällen der spätgotischen Befestigung der Burg dient, einen herrlichen Ausblick.

Pittoreske Ansichten der bunten Häuschen im Goldenen Gässchen.

Palais Lobkowicz

Unterhalb der Burg, auf der Prager Kleinseite, hebt sich ein imposanter Komplex ab, der sich um zwei Höfe entwickelt: das Palais Lobkowicz. Im 16. Jh. war es die Residenz der Familie Pernstein, ging aber im Jahr 1627 als Mitgift der Polyxena von Pernstein in den Besitz der Familie über, nach der es heute benannt ist. Die neuen Eigentümer ließen das Gebäude zwischen 1651 und 1668 von Carlo Lurago vollständig im Stil des Barock umbauen. Heute befindet sich in dem Palais, das im Obergeschoss noch Originalräume bewahrt, eine **Abteilung des Nationalmuseums**, die die Geschichte Böhmens illustriert. Außerdem beherbergt das Palais seit 1973 die Kanzlei und die Residenz der bundesdeutschen Botschaft, in der im Spätsommer und Herbst des Jahres 1989 mehrere Tausend DDR-Bürger auf ihre Ausreise warteten. So wurde das Palais zum Brennpunkt einer politischen Entwicklung, die zur Wiedervereinigung der beiden deutschen Staaten führen sollte.

Der Schwarze Turm

Im Osten zeichnen sich als Abschluss der Burg und ihrer Befestigungen ein Tor und ein Turm ab, die interessante Spuren der romanischen Burgmauer aus der ersten Hälfte des 12. Jh. sind. Der Schwarze Turm, der einst, als sein vergoldetes Dach unter Karl IV. weithin leuchtete, „Goldener Turm" hieß, wurde teilweise Opfer des Brandes von 1541, der eben diese Vergoldung endgültig beseitigte und ihm seinen heutigen Namen eintrug. Der Schwarze Turm gehörte in jedem Fall zum Komplex des Burggrafenamtes und diente lange als Schuldnergefängnis. Das *Osttor* im Renaissance-Stil bewahrt noch heute den niedrigen gotischen Fußgängerdurchgang sowie die Rollen, die einst die Bedienung der Zugbrücke über den davor liegenden Burggraben ermöglichten. Heute öffnet

Eine Ansicht der herrlichen Innenräume des Palais Lobkowicz.

Oben das Osttor der Prager Burg am Fuße des strengen Schwarzen Turms. Rechts die lange romantische Treppe, die vom Osttor der Burg in die Stadt hinunterführt: die in vielen Volksliedern besungene Alte Schlossstiege.

sich an der Stelle des Grabens ein kleiner Panorama-platz, vom dem aus man zur *Alten Schlossstiege* ge-langt, die in die Stadt hinunterführt.

SÜDGÄRTEN

Entlang der südlichen Begrenzung der Burg erstrecken sich die zauberhaften **Südgärten** (erreichbar vom Dritten Burghof über die *Plečnik-Treppe*), die aus dem **Wallgarten** (*Zahrada Na Valech*) und dem **Paradiesgarten** (*Rajska Zahrada*) bestehen. Sie zeigten sich bereits im 16. Jh. in üppig grüner Pracht, doch erst die Umgestaltung Plečniks im 20. Jh. verlieh ihnen ihre märchenhafte Schönheit. Im Schatten der Südfassade der Burg, die Pacassi meisterhaft vereinheitlichte, folgen eindrucksvolle botanische Winkel, historische Spuren und künstlerische Meisterwerke aufeinander: angefangen beim **Pavillon Belvedere**, den Plečnik 1924 mit ägyptischen Anklängen und einem Aussichtspunkt realisierte, bis hin zum **Garten der alpinen Flora**, vom erst 1965 an die Südgärten angeschlossenen **Hartig-Garten** über den 1617 für den gleichnamigen Kaiser erbauten **Matthias-Pavillon** bis hin zu den zwei Denkmälern, die am Fuße des Ludwig-Flügels die Stelle bezeich-

Die Gartenanlagen der Burg

Als die reine Verteidigungsfunktion der Burg historisch als überwunden erklärt werden konnte und ihre Rolle als Adelsresidenz mit repräsentativen Aufgaben in den Mittelpunkt trat, konnte man sich endlich bevorzugt der Pflege der lieblicheren Seite der Prager Burg widmen. Rundherum entstanden und blühten entlang der Begrenzungslinien der Festung zauberhafte Gartenanlagen. Die Entstehung der Gärten reicht zurück bis in das Jahr 1534, in die Zeit des Habsburgers Ferdinand I., doch ihre heutige Pracht und Anmut, die von unzähligen Renaissance- und Barock-Statuen unterstrichen wird, verlieh ihnen ein Architekt aus dem 20. Jh., Josip Plečnik, der sich ab 1918 um ihre Umgestaltung kümmerte - eine anspruchsvolle Arbeit, die noch immer nicht als abgeschlossen betrachtet werden kann.

Das Porträt von Josip Plečnik in den Südgärten.

DER PRAGER FENSTERSTURZ

Die Geschichte zählt in Wirklichkeit zwei Prager Fensterstürze: Der erste fand 1419 statt und leitete die Hussitenkriege ein; der zweite, der berühmt gewordene, erfolgte am 23. Mai 1618. In jener Zeit amtierten die kaiserlichen Statthalter, die den Kaiser vertraten und das Land in dessen Abwesenheit regierten, im zweiten Raum der Böhmischen Hofkanzlei. An jenem Tag im Mai zogen aufgebrachte protestantische Adelige, die die böhmischen Stände vertraten, auf die Prager Burg. Sie waren fest entschlossen, ihre ganze Wut über die Wahl des katholischen und offensichtlich den Katholiken zugetanen Ferdinand II. von Habsburg zum römisch-deutschen Kaiser und damit zum König Böhmens zum Ausdruck zu bringen. Dafür fiel ihnen nichts besseres ein, als eine Gerichtsverhandlung zu improvisieren und hinterher die beiden kaiserlichen Statthalter sowie den ebenfalls anwesenden Schreiber aus dem Fenster zu werfen. Die Höhe, aus der die drei fielen, war beachtlich, doch sie landeten – so heißt es – auf einem Misthaufen, der den Aufprall dämpfte, ihnen das Leben rettete und insgesamt die Folgen des Sturzes begrenzte, jedenfalls was ihr körperliches Wohlergehen anbelangte. Geschichtlich betrachtet waren die Auswirkungen weitaus tragischer, denn diese Episode löste zunächst den Beginn des Aufstands der böhmischen Stände und schließlich den Dreißigjährigen Krieg aus.

Oben und rechts zwei Ansichten des Paradiesgartens (Rajska Zahrada) mit einem riesigen, unvergleichlich schönen Zierteller aus Granit. Unten die Statuen neben dem Musikpavillon im Hartig-Garten.

Auf der Nebenseite oben der Blick auf das Gebäude der einstigen Klosterschule der adeligen Töchter vom Wallgarten (Zahrada Na Valech) aus.

nen, an der zwei der drei Opfer des Zweiten Prager Fenstersturzes landeten. Von diesem paradiesischen Winkel aus betrachtet erscheint die Prager Burg viel anmutiger. Und nun wollen wir wieder zu ihr zurückkehren, genauer gesagt zu ihrem Westeingang, der am Ende des hübschen Weges durch die Südgärten liegt.

Zauberhafte Ansichten der graziösen Gartenanlagen auf der Burgnordseite: auf dieser Seite oben und auf der rechten Seite oben das Sommerschlösschen der Königin Anna mit dem davor stehenden Singenden Brunnen aus dem 16. Jh.; unten die Balustrade mit Brunnen in der Nähe der alten Präsidentenresidenz sowie eine Detailaufnahme einer der Statuen aus dem 18. Jh., die mit Löwen spielende Kinder darstellen.

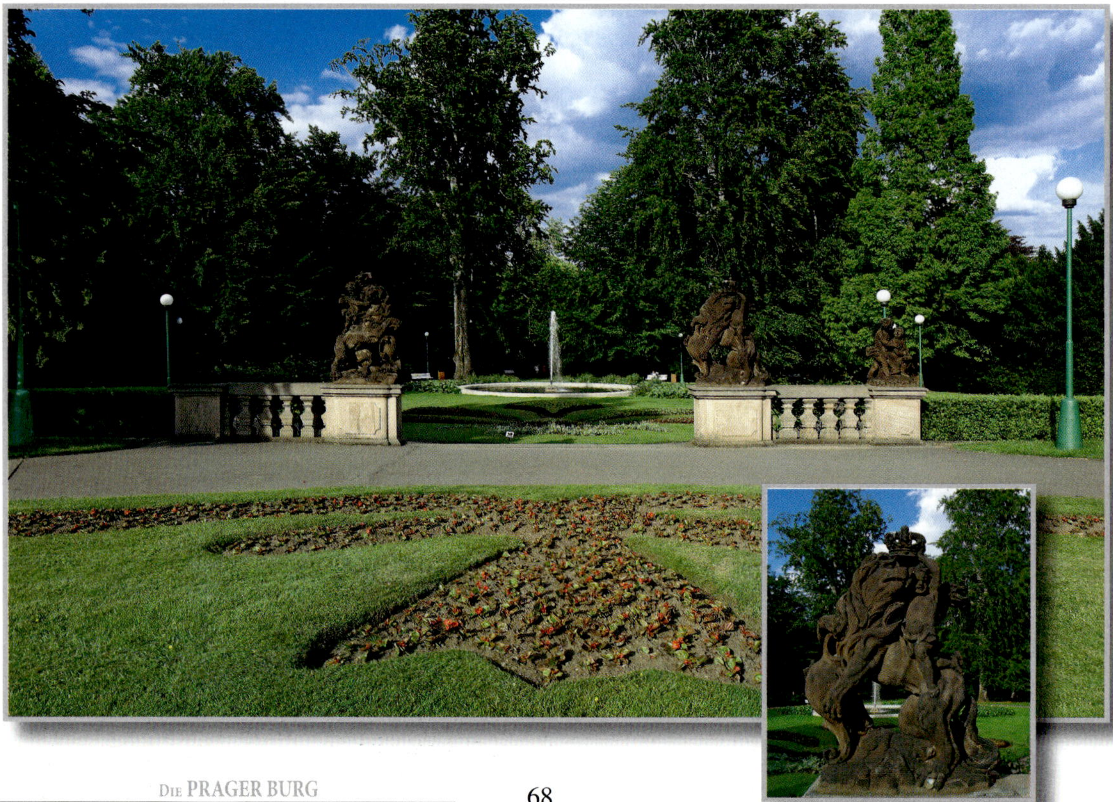

KÖNIGSGARTEN

Entlang der Nordbefestigung verlief und verläuft noch heute ein Abgrund, durch den sich einst ein Flüsschen den Weg bahnte. Nach Abhandenkommen seiner Verteidigungsfunktion wurde der Graben zum Zufluchtsort vieler Tiere, darunter zahlreiche Hirsche, die zwar heute nicht mehr hier herumspringen, doch im Namen des **Hirschgrabens** verewigt wurden. Um den Graben zu überqueren, müssen wir uns nach Norden zur **Pulverbrücke** begeben, wo sich auch die alte **Reitschule** aus dem 17. Jh., die **Marställe** sowie der berühmte **Löwenhof** befinden. Hinter diesem Hof erstreckt sich der prachtvolle **Königsgarten**, der im Laufe der Jahrhunderte für seine tropischen Pflanzen und deren exotischen Früchte sowie die fruchtbaren Gemüsegärten berühmt wurde. Angeblich wurden hier zum ersten Mal von Istanbul eingeführte Tulpen angepflanzt und später nach Holland ausgeführt. Für einen leichteren Zugang zu diesem herrlichen Eckchen Natur baute man Mitte des 16. Jh. die Pulverbrücke. Unter den Gebäuden, die die hüb-

schen Alleen schmücken, beeindrucken besonders das große **Ballhaus** für das Jeu de Paume (das in seiner Art wohl älteste Gebäude Europas wurde 1569 von Wohlmut errichtet) und die **Orangerie**, die eigentlich ein Werk des 16. Jh., jedoch heute in ihren im 20. Jh. neu gestalteten Formen zu bewundern ist. Am Ende des Gartens, genauer gesagt hinter ihm, hebt sich das **Sommerschlösschen der Königin Anna** ab, das wegen seines atemberaubenden Panoramas auch Lustschloss Belvedere genannt wird. Ferdinand I. ließ es zwischen 1535 und 1563 für seine Frau Anna Jagiello bauen. Sein graziöses Aussehen mit anmutigen Arkaden rundherum und einem originellen schiffskielartigen Dach lässt nicht im mindesten erahnen, dass es fast ein Jahrhundert lang (zwischen dem 18. und 19. Jh.) für militärische Zwecke genutzt wurde.

Rechts eine Detailansicht des Ballhauses, das von schmückenden Statuen umgeben wird; unten der Blick auf den Dom vom Garten der Reitschule aus.

DIE PALASTGÄRTEN

Eines der jüngeren Werke im Bereich der Gartenanlagen erstreckt sich südlich der Burg. Am Fuße der Reste des einst so imposanten Systems aus Verteidigungswällen liegen die Gärten, die unter dem Namen **Palácové Zahrady**, „Palastgärten", zusammengefasst werden. Hier wurden im 16. Jh. bereits existierende Parkanlagen und Weinberge in herrliche Italienische Gärten umgestaltet. Ein Jahrhundert später - nach den Zerstörungen seitens der schwedischen Belagerer - veranlassten die Eigentümer der darüber liegenden Palais eine barocke Neugestaltung der Gärten, die geprägt wurde von Stauen, Balustraden, Terrassen und Brunnen. Ein bedeutender Eingriff im späten 20. Jh. schließlich ermöglichte eine grundlegende Restaurierung der antiken Strukturen und schenkte fünf antiken Gärten neues Leben und neuen Glanz: Der *Ledebour-Garten* und der *kleine Palffy-Garten* wurden der Öffentlichkeit im Juni 1995 zugänglich gemacht, der *große Palffy-Garten* folgte im Jahr 1997, und der *Kolowrat-Garten* (auch Kleiner Fürstenberg-Garten genannt) und der *Große Fürstenberg-Garten* öffneten ihre Tore im Jahr 2000. Das von der Europäischen Union unterstützte Unterfangen hat viel Beifall erhalten und der Stadt Prag einen ihrer schönsten Winkel zurückgegeben.

Zauberhafte Ansichten der Palastgärten, die nach der Restaurierung in ihrem ursprünglichen Glanz erstrahlen.

INHALTSVERZEICHNIS